K 12
S87

MÉMOIRE

SUR

SAINT-DOMINGUE,

PRÉSENTÉ

A S. Ex. LE MINISTRE DE LA MARINE
ET DES COLONIES,

Par M. H. VIELCASTEL.

BORDEAUX,

IMPRIMERIE DE P.re COUDERT,

RUE SAINT-REMY, n.° 41.

MARS. --- 1821.

MÉMOIRE

SUR

SAINT-DOMINGUE,

PRÉSENTÉ

A S. Ex. LE MINISTRE DE LA MARINE ET DES COLONIES,

Par M. H. VIELCASTEL.

Monseigneur,

La France, au moment de consolider sa liberté sur des bases indestructibles, doit aussi porter toute sa sollicitude vers son industrie et son commerce, afin de *nationaliser* cette liberté chérie, si nécessaire à son repos, à sa prospérité et à son bonheur.

Une grande nation, forte et éclairée, telle que la France, ne peut, sans doute, exister que par des lois immuables, fondées sur les mœurs, les lumières, les besoins et la nature des citoyens qui forment cette belle et glorieuse patrie; mais il est aussi fortement reconnu que le commerce est l'AME des grandes nations : car, sans le commerce, les nations se verraient réduites à la misère, et la misère *tue* la liberté ! Dès-lors les liens sociaux se brisent pièce à pièce, les hommes se divisent, se méprisent, s'entre-déchirent, et les nations ne sont plus que des peuplades de barbares ou d'esclaves, sans patrie et sans lois. Tandis que le commerce, dont les dogmes sont la bonne foi et l'honneur, perfectionne et civilise les hommes en les rapprochant; leur donne l'amour de la liberté et de la patrie, en augmentant leur fortune, et consolide les États, en enrichissant leurs citoyens.

Point de patrie sans liberté, point de liberté sans fortune, et point de fortune sans commerce. Voilà des vérités incontestables, devant lesquelles tout le génie de l'homme doit s'anéantir!

La France, après avoir fatigué la renommée de ses exploits guerriers, rempli le temple de Mémoire des noms de ses héros; après avoir éclairé tous les peuples de l'Europe sur leurs droits et sur leurs devoirs respectifs, elle doit, nouvelle Athènes, devenir, au sein de la paix, l'école de la civilisation du monde, et l'entrepôt général du commerce de l'Europe.

Une considération d'une si haute importance mériterait, sans doute, des développemens plus profonds, qui sont trop au-dessus de mes forces pour oser l'entreprendre : je me hâte donc d'aborder franchement mon sujet.

Il s'agit de l'île Saint-Domingue.

La France commerciale, veuve de ses deux plus belles colonies, *l'Ile-de-France* et *l'île Saint-Domingue*, a placé toutes ses espérances dans les vues profondes d'administration et de politique qui doivent sans cesse diriger un Gouvernement constitutionnel vers la prospérité générale de l'État.

S'il est des obstacles que toute la sagesse humaine ne peut vaincre, il est des moyens que cette même sagesse doit employer pour réparer ces deux grandes pertes coloniales.

Quant à l'Ile-de-France, la puissance maritime anglaise, qui s'est emparée exclusivement de toute les routes de l'Inde, ne se dessaisira jamais de cette clef de l'Océan indien, qui est devenue aussi nécessaire à son système politique et colonial, que le Cap-de-Bonne-Espérance, conquis sur les Hollandais. Il n'y a que le temps et l'excès d'ambition qui puisse démolir cette puissance maritime anglaise, devenue, par nos fautes et par nos malheurs, la maîtresse des deux Mondes et des mers à la fois.

Mais il nous reste un grand *avenir* pour l'Ile Saint-Domingue ; avenir dont il faut préparer avec franchise et avec loyauté les heureux résultats, par un bon système d'alliance, de réciprocité et de commerce avec l'autorité existante dans cette colonie.

Reprendre Saint-Domingue de vive force est *impossible :* la population entière de ce pays se réunirait avec succès, parce qu'elle combattrait pour sa liberté, qui est devenue pour les Haïtiens un objet de *fanatisme guerrier.* Ils périraint tous avec courage, plutôt que de se laisser rejeter dans l'esclavage des blancs et sous la domination des Français. Mais, en supposant qu'il fût même possible de reprendre St-Domingue par la force des armes, ce serait, gardons-nous d'en douter, le plus grand malheur qui pourrait jamais arriver à la France commerciale; car cette conquête militaire et tyranique, ne lui donnerait pour trophée qu'un cadavre sans chaleur, à qui elle ne pourrait jamais rendre la vie. En considérant ensuite les raisons politiques qui s'attacheraient naturellement à cette malheureuse et injuste conquête, il doit être permis de repousser avec effroi l'idée d'une pareille entreprise, dont le résultat porterait un coup mortel à notre commerce, et dont l'humanité et l'honneur français auraient toujours à rougir.

S'il s'élevait dans le Conseil du Roi, une seule voix qui invoquât le sort des armes pour reprendre Saint-Domingue, il suffirait de lui répondre : « Un gouvernement
» fort de l'opinion et de l'énergie militaire
» et maritime de la France, en 1802, crut
» pouvoir reconquérir Saint-Domingue. Il
» employa la marine, l'armée, les insinua-

» tions, les promesses, la corruption. Il
» dépensa inutilement quarante mille hom-
» mes de nos meilleures troupes; il perdit
» cinq vaisseaux de ligne et huit frégates;
» il employa un milliard, fit périr douze
» mille matelots, et disparaître cent cin-
» quante mille noirs agricoles ou militaires;
» et le résultat de cette imprudente expé-
» dition, sous le Consulat, fut de ruiner
» entièrement les colons et propriétaires
» français, les négocians les plus actifs
» de nos villes maritimes, et de perdre
» sans retour la plus vaste et la plus floris-
» sante des colonies, qui donnait à la
» France deux cents millions de circula-
» tion dans notre commerce intérieur, et
» soixante-dix millions à son profit dans
» la balance du commerce européen. »

Après cet exposé sincère, celui qui oserait proposer encore la voie des armes, méconnaîtrait l'état actuel de la France et les véritables intérêts de son Roi constitutionnel : il faut donc recourir aux moyens indiqués par la raison d'état, et par l'intérêt réciproque des habitans de la France et de ceux de Saint-Domingue.

Le premier de ces moyens, est de reconnaître l'indépendance de l'Ile Saint-Domingue, la liberté et les droits de ses habitans, et de renoncer à toute souveraineté et domination sur cette colonie, avec clause expresse, *toutefois*, d'admettre les conditions ci-après, en faveur du Gouvernement et de la Nation française.

Si le Gouvernement français insiste pour tenir sous sa dépendance politique et sous la suzeraineté coloniale l'île Saint-Domingue, l'autorité qui gouverne si habilement cette colonie n'y souscrira jamais. Le Roi de France aurait beau envoyer à Saint-Domingue des agens politiques, ou faire parvenir aux chefs militaires de cette colonie, les propositions les plus séduisantes et les plus avantageuses, elles seront toujours reçues avec défiance et même avec effroi, tant que l'on n'aura pas déclaré l'indépendance de la république d'Haïti.

Des hommes indépendans seront sans doute plus généreux et plus fidèles dans les traités, que ne peuvent l'être des sujets soupçonneux et constamment prêts à se révolter. La crainte de la France nous sera toujours funeste, la confiance dans la France sera toujours féconde.

L'indépendance de Saint-Domingue est une *indépendance de fait*; la marche du temps va lui donner la sanction légale. La France ne fera donc pas un grand sacrifice en accordant ce qu'elle ne peut point ôter.

Les liens de l'indépendance politique et coloniale sont rompus, il faut donc leur substituer adroitement les liens de l'indépendance industrielle et commerciale. Saint-Domingue sera une colonie noire par l'agriculture; elle deviendra une île française par le commerce. La violence d'un gouvernement militaire l'a détachée de la métropole; la sagesse et la justice d'un gouvernement constitutionnel, la rattacheront à tous ses ports. Tels sont les effets que doit produire le premier moyen.

Le second moyen, consiste à organiser par un sage traité, entre le Gouvernement français et celui de la république d'Haïti, un nouveau genre de colonisation, sans en avoir les inconvéniens et les dépenses. Il faut faire de Saint-Domingue une colonie commerciale par les stipulations d'amitié, d'alliance, de réciprocité et de commerce entre la France et cette grande colonie.

Les écrivains politiques avaient prévu depuis environ un demi-siècle, l'émancipation inévitable ou l'indépendance forcée des colonies. L'Angleterre en a fait l'épreuve la première, puisqu'elle a été contrainte, en 1781, de reconnaître l'indépendance de l'Amérique du nord. La France a vu aussi briser par d'autres causes les liens coloniaux de ses possessions dans les Antilles, et enfin l'Espagne a perdu pour toujous ses colonies de l'Amérique du Sud, par le mouvement d'indépendance communiqué, depuis quarante-cinq ans, aux habitans du Nouveau-Monde.

Il ne reste plus à la politique de l'Europe et à la sagesse de ses gouvernemens, d'autre parti que de se conformer à l'esprit du temps et aux lumières du siècle, au lieu de s'opposer à leur marche *invincible*. Ils doivent établir de nouveaux rapports; il faut donner de nouveaux liens à leurs anciennes colonies; il faut coloniser par le commerce et par la prospérité, au lieu de coloniser par la guerre et par l'esclavage.

Les stipulations sous lesquelles le Gouvernement français reconnaîtrait l'indépendance de l'Ile Saint-Domingue, ainsi que la liberté de ses habitans de toute couleur et de toute condition, devraient être présentées dans des termes dignes du caractère auguste du Roi et de la Nation Française.

1.º Il faut d'abord rassurer Saint-Domingue contre la crainte de toute agression hostile, ou tout projet futur d'invasion et de reprise par la France. Ainsi, elle n'y enverrait ni troupes, ni vaisseaux de guerre, à l'exception des corvettes et frégates nécessaires pour convoyer en temps de guerre les bâtimens de commerce, et dont le nombre serait fixé, ainsi que leur stationnement dans les ports de la colonie.

2.º La France doit trouver des préférences marquées et des avantages supérieurs à ceux de toutes les autres nations, dans les ports de Saint-Domingue, dont elle a été la métropole; on ne pourrait pas exiger un système exclusif, mais on stipulerait qu'elle serait la nation *la plus favorisée*, soit par diminution du tarif des douanes, et pour l'exportation et l'importation, soit par les avantages de l'entrepôt; soit, enfin, par la préférence donnée aux produits de son territoire et de ses manufactures.

3.° Une *colonie commerciale* est une institution nouvelle qui, pour se former, a besoin que plusieurs familles de négocians français aillent s'établir dans les ports de Saint-Domingue. Ce sont ces négocians français sédentaires qui acheteront les productions de l'île, et qui les échangeront avec les productions de la France. Ces négocians seront à la fois les instrumens actifs de la circulation commerciale, et les appuis naturel des colons et des propriétaires français auprès des Consuls de la nation et auprès du gouvernement de Saint-Domingue.

Ainsi, l'on fixerait les ports dans lesquels pourraient s'établir, en tel nombre, les négocians et marchands français.

4.º Comme dans l'état actuel des affaires il n'y a point de commerce sans protection spéciale et sans justice politique, il faut donc que le Gouvernement français puisse rétablir dans les ports de Saint-Domingue, des Consuls généraux, des Consuls ordinaires et des Vice-Consuls, suivant l'importance des ports et le besoin des localités. Ces magistrats commerciaux ne peuvent porter aucun ombrage au gouvernement de Saint-Domingue; et ils sont nécessaires pour l'expédition et le jugement des transactions commerciales et des discussions qui s'élèvent à ce sujet. Ces Consuls, protégés par les autorités locales, produiront un grand bien, soit pour l'établissement des commerçans français, soit pour faciliter les opérations commerciales.

5.° Il y aurait une dernière stipulation bien nécessaire et bien utile à faire pour étendre les relations et les intérêts de cette colonie commerciale : ce serait de convenir que les terres et anciennes habitations qui ne seraient ni vendues, ni cultivées par personne au moment du traité, seraient restituées aux anciens colons et propriétaires français, en les assujettissant à se conformer aux usages et aux réglemens établis dans la colonie, pour la liberté, le travail, le salaire et les droits des cultivateurs de toute couleur. On doit nécessairement regarder les habitations cultivées, occupées et possédées, en ce moment, comme *des biens nationaux vendus*, comme le prix de la conquête et du travail. Il faut donc se borner à la reprise des terres et des habitations inoccupées.

Mais, le Gouvernement français devra réclamer de la justice et de la loyauté du gouvernement de la République d'Haïti, des indemnités pour les colons dont les propriétés seraient vendues ou possédées. Le caractère noble et franc du président *Boyer*, doit servir de juste garant à la France, que ce nouveau Washington se montrera grand et généreux dans cette circonstance.

En stipulant la restitution ou la remise des terres incultes et des habitations inoccupées, à leurs anciens propriétaires, héritiers, ou à leurs fondés de pouvoir, le Gouvernement français les mettrait sous la protection et la loyauté du gouvernement de la République d'Haïti, ainsi que sous la médiation et la surveillance des Agens consulaires dans l'étendue de leurs territoires respectifs.

C'est par le double moyen des colons propriétaires, répandus dans la colonie, et des négocians français établis dans ses différens ports, que l'on verra la colonie commerciale faire des progrès sûrs et rapides, et *franciser* de nouveau l'île St.-Domingue.

Les avantages de cette *colonisation commerciale* sont incalculables. Nous n'y perdrons que l'orgueil de la domination ; mais le commerce, l'industrie et l'agriculture de la France en recueilleront de grands et précieux avantages.

La colonie commerciale n'a point à payer les traitemens et les frais énormes des états-majors, de gouvernement, de commandant, d'intendant, de subdélégués, de culte religieux, de cour supérieure, de sénéchaussée, d'amirauté, de chancellerie, de citadelle, de fortifications, de garnisons, de marine, et autres dépenses multipliées d'administration civile, militaire et marine. Le trésor public et nos villes maritimes ne peuvent que gagner beaucoup à ce genre nouveau de colonisation, si l'on peut parvenir à l'établir.

Instituer *la colonie commerciale* est une innovation utile et même nécessaire dans le monde politique. Le Gouvernement anglais, dont on ne cesse de vanter les conceptions et les vues administratives, n'a pas su organiser cette sorte de colonisation commerciale, lorsqu'il a été forcé de reconnaître l'indépendance des États-Unis. C'est une gloire qui semble devoir, par les circonstances les plus fortes et les plus heureuses en même temps, appartenir exclusivement à Votre Excellence.

Ce sera consacrer la restauration du Trône constitutionnel par deux grands monumens : l'un en faveur de l'humanité, par la sanction donnée à la liberté et aux droits naturels des Africains ; l'autre, en rattachant, par des priviléges et des avantages commerciaux, la France aux Antilles,

les villes maritimes du royaume aux ports de l'île Saint-Domingue, ses manufactures et son agriculture aux ateliers et aux travaux des habitations.

Votre Excellence a, d'ailleurs, si profondément réfléchi sur les événemens politiques et sur leurs résultats, qu'elle peut facilement prévoir toute l'influence qu'un sage traité doit exercer dans la suite sur le gouvernement et sur les citoyens de la République d'Haïti; après que les négocians français auront prouvé l'utilité et la loyauté de leurs relations avec eux; après que les Consuls auront exercé, avec discrétion et une énergique justice, les fonctions protectrices du commerce, de la bonne foi et du droit des gens; après que les anciens propriétaires et colons français se seront soumis au nouveau régime de culture, de travail et de salaire établi dans les habitations; c'est après cette expérience de quelques années que cette colonie redeviendra *Française* par les mœurs, par la reconnaissance, par les intérêts et les affections de tout genre, bien plus sûrement que par l'ambition des conquêtes, par la continuation de l'esclavage des noirs et par les horreurs de la guerre.

Cette consolante et philantropique vérité, tout le monde la sent, tout le monde la dit; il ne s'agit donc plus que de la reconnaître avec franchise, et de la pratiquer avec honneur.

Monseigneur, la France commerciale éprouve un *mal-aise* général, qui la rend inquiète et ombrageuse. Son commerce est dans une stagnation affligeante, qui détruit, chaque jour, nos plus belles espérances de tranquillité intérieure. Les esprits s'aigrissent, la corruption gagne les cœurs, et un bouleversement général sera, peut-être, le funeste résulat de la perte de notre commerce ; car, pour le malheur de l'humanité, avec la fortune, s'en va presque toujours l'honneur !

Vous le savez, Monseigneur, la France est encore fortement agitée par des hommes ambitieux et destructeurs, par des faiseurs de conspirations, par des fabricans de pétards, qui cherchent partout des instrumens pour accomplir leurs coupables desseins. Ces instrumens se trouvent naturellement dans cette classe d'hommes qui ne possède, pour toute fortune, que le fruit du travail de leurs bras, et qui sont, par conséquent, des instrumens toujours prêts à frapper lorsque leurs bras sont dans l'inactivité, et parce qu'ils n'ont qu'à gagner dans les bouleversemens.

Or, ouvrir à notre commerce des voies pour faire circuler avec avantage les produits de notre territoire et de nos manufactures, c'est secourir et consoler le malheureux, c'est faire prospérer la France, c'est assurer la tranquillité intérieure de la patrie; c'est, enfin, consolider le Trône constitutionnel, et sauver la liberté.

Monseigneur, hâtez-vous de rendre à la France le commerce brillant de Saint-Domingue, et vous aurez alors bien mérité et de la Patrie et de son Roi!

Telles sont les considérations qui m'ont porté à adresser, à votre Excellence, le Mémoire que j'ai l'honneur de soumettre à sa sagesse et à son patriotisme.

Bordeaux, le 5 Février 1821.

H. Vielcastel.

NOTES.

Après la déplorable et funeste expédition militaire des Français, contre l'île Saint-Domingue, en 1802, qui coûta si inutilement tant d'argent et de sang à la France, le général Dessalines, l'homme le plus féroce qui ait existé, s'empara du gouvernement de cette colonie; mais les cruautés qu'il exerça, tant sur les blancs que sur les hommes de sa couleur, furent portées à un tel point, qu'une conspiration secrète éclata contre lui: il perdit la vie.

Pétion et Christophe se disputèrent alors l'empire de cette île.

Pétion, homme vertueux et du plus grand mérite, à qui l'humanité doit une couronne civique, établit, dans le sud et l'ouest de l'île Saint-Domingue, un gouvernement constitutionnel, fondé sur les principes éternels de l'honneur et de la justice.

Christophe, homme barbare, tyran farouche, *protégé par l'Angleterre*, parvint à former dans le nord de cette colonie, un gouvernement absolu, comme on n'en a jamais vu: il se fit reconnaître roi d'Haïti.

Cette division de puissance dans l'île Saint-Domingue, était donc l'ouvrage de la fière Angleterre.

Effectivement, la Grande-Bretagne, qui désirait s'emparer exclusivement du commerce de cette île, avait un plus grand avantage à faire des transactions avec deux autorités que de traiter qu'avec une seule; car cette division de puissance lui faisait espérer que chacune des autorités de cette colonie, l'une à l'envi de l'autre, travailleraient à mieux traiter les Anglais ; et que dans le cas où une de ces deux autorités lui fît éprouver quelques mécontentemens, elle espérait aussi, de trouver toujours, pour son commerce, un asile et une protection assurée dans une des principales parties de la colonie. Tandis que si l'île Saint-Domingue n'eût formé qu'un seul état, et surtout un état constitutionnel, elle aurait sans doute repoussé les insinuations et les offres officieuses d'un protecteur *mercenaire*.

L'île Saint-Domingue ainsi partagée, les deux états, si diamétralement opposés de principes et de systèmes, qui composaient cette colonie, se trouvaient naturellement dans une attitude de guerre presque permanente l'un contre l'autre ; et ces deux états se trouvaient aussi dans la même attitude contre la France ; car la division de cette colonie devait nécessairement augmenter la crainte des Haïtiens contre l'ancienne métropole.

Dans cet état de choses, le Gouvernement anglais croyait fermement que les deux états de l'île Saint-Domingue chercheraient avec zèle sa protection et même son alliance, soit pour être l'intermédiaire des différens qui pouvaient s'élever entre eux, soit pour les protéger contre une nouvelle attaque des Français. Par ce double moyen, l'Angleterre espérait établir dans cette colonie son système de commerce exclusif.

Je pense que c'est le cas de répéter avec le fondateur du système politique du cabinet de la Grande-Bretagne, *diviser* c'est *régner*.

On ne peut douter que le Gouvernement anglais est capable d'assurer, par de certains moyens qui lui sont si familiers, la réussite de ses entreprises, lorsque son intérêt direct est en jeu : la conquête de l'Egypte, la prise de Malte, du Cap-de-Bonne-Espérance, de Ceylan, du Portugal, en font foi, et peuvent être mises en parallèle avec l'expédition de Quiberon et celle de Parga.

Mais l'Angleterre s'est trompée dans son calcul mercantile, car si elle a trouvé Christophe disposé à la servir, elle a aussi trouvé Pétion, et ensuite Boyer, son digne successeur, inaccessibles à la corruption.

Rien de plus injuste en politique que de faire des maximes contraires aux droits des nations, et de vouloir que ces maximes deviennent la règle générale des états ; c'est se jouer de tout ce qu'il y a de plus sacré chez les peuples civilisés. C'est se jouer de leur indépendance, de la bonne foi et du droit des gens.

Le Gouvernement anglais établit toujours des droits pour les nations, conformes à son ambition, droits qu'elle étendit et interpréta selon les temps et ses intérêts. Sa politique fut toujours terrible parce qu'elle n'eût pour fondement que sa cupidité ; la France eût du moins dans la sienne ce caractère de grandeur qui accompagne la victoire, et qui justifie bien des torts......

Enfin, le ciel protecteur du genre humain, qui ne connaît sur la terre qu'une espèce d'hommes, sans distinction de couleur, de fortune et de rang, vient de se servir du président de la République d'Haïti, Boyer, pour faire triompher dans l'île Saint-Domingue la cause de l'humanité et de la justice.

Christophe n'est plus...... Son trône tyranique est renversé ! et tous les Haïtiens sont ralliés aujourd'hui à l'ombre de l'étendart d'une liberté sage et modérée, monument indestructible de respect et de justice.

Le président Boyer a fait son entrée, le 26 Octobre

dernier, dans la ville du Cap, à la tête d'une armée de 30,000 hommes, et aux acclamations d'un peuple immense, de tout sexe et de tout âge. Les rues de cette grande cité étaient couvertes de fleurs et de feuillages, et aux cris mille fois répétés, par un peuple reconnaissant, de *vive le président d'Haïti! vive l'indépendance et la liberté!* Le président Boyer, après avoir traversé la ville du Cap, au bruit du canon qui résonnait de toutes part, s'est rendu au Palais National; alors il s'est adressé à l'armée et au peuple qui l'entouraient, en ces termes : « Vous voyez parmi vous
» le citoyen que la république d'Haïti a nommé pour
» la gouverner. Je viens au nom de la patrie recevoir
» de vous, le baiser de paix. Plus de dissentions, plus
» de divisions : la grande famille est à jamais réunie.
» Nos seuls ennemis sont ceux qui chercheraient à
» semer la discorde parmi nous, et s'il s'en présente
» encore, la foudre de la nation les pulvérisera.

» Ce n'est pas une armée que je conduis ici, ce sont
» des enfans qui marchent avec leur père. Ils viennent
» chanter avec vous les douceurs de la liberté.

» Mêlez vos accens aux nôtres, et que les échos de
» notre île répètent éternellement : *Vive la république*
» *d'Haïti! vive l'indépendance! vive la liberté!* »

Ces cris d'allégresse se sont fait entendre avec ardeur et franchise par tous les citoyens et militaires, et tous ont ajouté : *Vive le président Boyer!*

Le même jour, 26 Octobre, on vit affichée, dans toutes les rues du Cap, la proclamation suivante.

PROCLAMATION AUX HAITIENS.

Haïtiens,

Les temps de discorde et de division sont passés....

Le jour de la réunion et de la concorde, le plus beau de ma vie, est enfin arrivé !....... Enfans de la même famille, vous êtes tous ralliés à l'ombre de l'arbre sacré de la liberté : la Constitution de l'état est reconnue dans tout Haïti : du nord au sud, de l'est à l'ouest, la République ne compte plus que des citoyens dévoués à sa prospérité et à son indépendance.

Je ne vous rappellerai pas l'histoire de nos malheurs : le souvenir n'en doit être conservé que pour vous en faire éviter de semblables à l'avenir. Lorsque nous prîmes les armes pour détruire l'esclavage auquel nos ancêtres et nous avions été assujétis depuis deux siècles ; lorsque nous versions notre sang et que nous faisions les plus grands sacrifices à la Patrie, nous ne pouvions pas nous imaginer que nous serions devenus les victimes de ces hommes ambitieux qui, dans les révolutions, comptent tout pour eux et rien pour le peuple........ Vous connaissez les noms de ces grands coupables dont la fatale célébrité n'a attiré sur la Nation que des malheurs, et n'a laissé à leur famille, pour héritage, que l'exécration de leur mémoire ; vous avez sous les yeux le tableau du gouvernement inique de Christophe dont les caprices étaient des arrêts suprêmes : il doit vous convaincre que toutes les fois que la loi, émanée de la volonté générale, ne sera pas la boussole du chef de l'état, les droits du peuple deviendront des chimères, de vains mots, et que par conséquent l'édifice national sera toujours prêt à s'écrouler.

La Constitution de la République, ouvrage des représentans de tous les départemens, a établi de sages garanties contre l'arbitraire. Si, depuis quatorze ans, elle a fait le bonheur de ceux qui lui sont restés fidèles, elle fera également le bonheur de ceux que le rebelle Christophe avait entraînés dans l'erreur et qui se rallient aujourd'hui au Gouvernement Constitutionnel; mais pour parvenir à ce résultat, il faut, Haïtiens ! que chacun se dépouille de tous sentimens personnels, de toutes prétentions particulières; et qu'on ne songe qu'à apporter son tribut à la Patrie, dédaignant tous ces avantages qui prennent leur source dans l'intrigue ou dans la faveur.

N'oublions jamais les noms de ces braves patriotes qui n'ont cessé de combattre le despotisme qu'en cessant de vivre; ceux aussi qui, dans ces dernières circonstances, ont donné l'élan au vœu du peuple pour lui faire recouvrer sa liberté, sont dignes de la reconnaissance nationale : ils l'obtiendront. Je regrette, que le sang, dont je serai toujours avare, ait coulé le 18 de ce mois : toute ma sollicitude tendait à l'épargner. Mon ordre du jour, du 17, envoyé exprès au Cap, par mes aides de camp, n'a pas pu y arriver assez tôt pour sauver la vie aux fils de Christophe et à quelques officiers qui s'étaient fait trop remarquer, en exécutant ses ordres barbares.

Haïtiens ! le passé est oublié......... Je le déclare solennellement : ouvrez vos cœurs à la confiance ; empressez-vous de concourir avec le Gouvernement à consolider l'Indépendance du pays.

Dépositaire de la tranquillité et de la prospérité publique, le président d'Haïti, le premier, n'épargnera ni peines, ni soins, pour faire son devoir ; que tous les citoyens imitent son exemple, et les plaies que la guerre civile a faites à la patrie, seront bientôt fermées.

Haïtiens ! rendons grâces à l'Etre-Suprême qui nous a permis de nous réunir pour nous donner mutuellement le baiser fraternel ; invoquons sa toute puissance afin qu'elle nous inspire des idées de paix et de sagesse, et que nous puissions laisser à nos enfans, une existence assurée, un pays libre et indépendant.

Vive la république ! Vive la liberté !

Donné au Palais National du Cap-Haïtien, le 26 Octobre 1820, an 17 de l'Indépendance.

BOYER.

Voilà donc l'ouvrage de Pétion, achevé si heureusement, par son digne successeur, l'immortel *Boyer*.

Amis de l'umanité et d'une liberté sage et juste, jetez une fleur sur la tombe de Pétion, et rendez hommage à Boyer !...

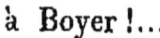

AVERTISSEMENT.

Dans le mois de Février 1815, j'ai présenté à M. le comte Bneguot, alors Ministre de la marine et des colonies, un Mémoire sur la nécessité de renoncer à l'odieux trafic des esclaves, et de se départir noblement et franchement de l'article du traité de Paris, du 30 Mai 1815, qui réservait à la France la traite des noirs pendant cinq années.

En Septembre 1819, j'ai eu l'honneur de présenter aussi un second mémoire à M. le duc Decaze, alors président du Conseil des Ministres, où je démontrai les grands précieux avantages, pour l'industrie et le commerce français, de reconnaître l'indépendance de cette colonie, en admettant, *toutefois*, en faveur de la France, des conditions avantageuses.

Et enfin, le 5 Février dernier, j'ai adressé à Son Excellence le Ministre de la marine et des colonies, un troisième mémoire, que j'offre avec confiance au public.

IMPRIMERIE DE P.re COUDERT.

www.ingramcontent.com/pod-product-compliance
Lightning Source LLC
Chambersburg PA
CBHW060709050426
42451CB00010B/1344